Cuello Mao

MARIO ARTECA

Cuello Mao

Edición: Pablo de Cuba Soria
© Logotipo de la editorial: Umberto Peña
© Ilustración de cubierta: Fotograma de *La Chinoise* (1967),
de Jean-Luc Godard
© Mario Arteca, 2023
Sobre la presente edición: © Casa Vacía, 2023

www.editorialcasavacia.com

casavacia16@gmail.com

Richmond, Virginia

Impreso en USA

ISBN: 978-1-961722-03-3

You're right and I'm wrong
oh babe, I'm gonna miss you now that you're gone

Berlin, **Lou Reed** (1973)

Cómo hacen para oler explosivos debajo del agua

(how do they smell explosives under the sea)
(who had once taken souls to the beyond)
Brenda Hillman

I

El camión de la basura recoge los desperdicios
de la cuadra, pero se olvida de los míos.
Yo no saco mis bolsas echadas en la cocina.
Las dejo reposar. Por eso el olvido no es tal,
sino que ocupa las letras invisibles de alguien
con deseos de escribir, y así solas se rellenan.
Las palabras dejadas de lado son residuos secos
a la espera de una boca que sepa cómo expulsarlas.

II

Una mujer madura con calzas negras
sale del nuevo edificio gris —cuyo nombre
de guerrero griego está labrado en letras
plateadas, con algunas escamas— mientras
se quita las lagañas con una boleta de gas
domiciliario, ya vencida. Por primera vez

pudo dormir toda la noche, de un tirón,
después de haber despejado esos pensamientos
que con frecuencia la llevan desde un antiguo
promontorio, donde rompen las olas,
hasta esas olas que se deshacen ni bien
tocan las paredes del farallón, junto
a su madre que duerme en lugar de ella,
las dos desnudas y con la piel intacta.

El clima a las 2 de la madrugada

Aquellos que no empezaron a vivir, pero se reservan
para una época mejor, y que por ende tienen un miedo
tan grande de envejecer, no esperan nada menos que un
paraíso permanente)

In girum imus nocte et consumimur igni,
Guy Debord

Los estudiantes kafkianos que miran hacia dentro
de la vidriera de un negocio de ropa femenina,
recogen una piedra salpicada de vidrio molido
y reflexionan sobre los alcances reales de la falta
de mérito. El escaparate aún no estalló en pedazos,
aunque ambos no podrán desentenderse de su futura
condición de testigos. Cada uno olvidó que la vida
en común se quiebra cuando la atmósfera lo permite,
y donde la inversión vence al estudio objetivo
del clima de época, que lo transforma todo, a pesar
de que sólo se trate de variaciones de la tensión
eléctrica. Los dispositivos que miden la conducta
subsidiada de la energía son las únicas señales
eficaces de una casa, mientras la anciana atada
a su cama describe las diferencias de color
a las que puede acceder: verde, amarillo y rojo.
En eso, me pregunta por mi nuevo tono de piel,
que ha cambiado y mucho —entonces amarillento,

por causas desconocidas—, y le contesto: "A pesar
de que haya pasado casi medio siglo, ¿qué quiere
que le diga?, no tengo ni idea de quién soy".

Mil novecientos sesenta

Confiamos en los comienzos de todo texto
por su valor de pasaje. Hablamos del día
y de la noche, del aire que baña nuestros
rostros y los ojos cerrados del tiempo
perdido, que son los nuestros —siempre
fueron los nuestros. Por eso, ponemos
las manos al criterio de una naturaleza
industrial, con palabras que brotan solas
a medida que nos integramos a ellas, dada
su atractiva tasa de eficacia. A veces, elegir
otro camino toma la forma de una piel
extenuada. Si revisás con cuidado tu casa,
antes de salir a un mundo que te desconoce,
podrás ver a tu derecha una descascarada
puerta, con sus postigos vencidos. "Mirá
todo lo que generaste estando vivo, y esta
es la mejor parte", dijo, mientras se cubría
de oscuridad, como la llegada de un eclipse
al territorio de las sombras, provocándolas,
sacudiendo su ropa prestada, las cenizas
desperezándose de a poco hasta rehacer
su cuerpo y alma de noticias recién contadas,
y tornarse en un animal nuevo y deforme,

incubado en el seno familiar. Qué dimensiones adquiere el mundo, de no filmarse la retirada.

Arenabianca, 84033 Salerno

Tengo un gato. Es igual que un perro. Siempre he tenido
perros y éste es mi primer gato. Y estoy muy contenta de
que parezca un perro.

Diarios, **Joe Orton**

Los agujeros del desagüe aún se encuentran
en la base, pero siguen tapados. Un hormiguero
se constituye como cabeza de playa. Más adelante
intentaré demostrar por qué las leyes son ilusorias,
aunque yo no las cumpla. Ellas sólo me siguen
y alcanzan, para enseguida soltarme. Por favor,
no me hablés más en tu dialecto de Montesano
sulla Marcellana: todos huimos, a nuestra manera,
de una sola guerra. Al parecer, ser desertor también
es encontrar un territorio donde evaporarse más tarde.
Pronto vendrá el invierno como una Plisétskaya
descalza, antes que las calles se cubran de vendedores
como únicos participantes del comité de bienvenida
de tu verano salernitano. Aun así, hay personas
que jamás llegarán a saber nada. Pero entonces
no tuviste que pisar siquiera al mar. Es tan simple.
"Sólo tienen que meterse en la situación imposible.
No está mal no saber nadar. Está mal en la playa".
Los malos encuentros son los encuentros de frente.

Hay muchas maneras de esconder el volumen;
lo malo ocurre cuando una de las relaciones,
por el motivo que sea, es destruida. Ahora
decís que salir de allí fue un modo de potencia;
antes, de aumentarla. En todo caso, contaste
esa historia mil veces, y siempre la cambiabas.

Se quita la ropa para que no la desvistas

Hay que distinguir la dirección que produce
comportamiento y la dirección que produce
entendimiento; esta última es completamente inútil.

Sydney Pollack

El canto de un pájaro que llegó a amar su jaula,
como el ratón la trampera en su galaxia de queso.
Todo lo que dispongo se convierte en casa.
Esa persona que te mira con atención, observa
poco, incluso demasiado poco. Se lustra los pies
llagados de tanto estar parado. También continúo
parado cuando me siento desnudo. La mirada
de ese hombre es un descanso de micros
que pasan vacíos con las letras cambiadas,
en dirección a un barrio en busca de un viaje
al fondo de nada. Sólo un pequeño argentino
asustado delante de un espejo, con la respuesta
errónea a su pregunta. Tengo más miedo
de nosotros que de cualquier otra persona.
Cuando ella se quita la ropa para que no
la desvistas, el hechizo del aire en la cara
se deshace, ya no conforta, es la palmada seca
en la mejilla preparando el examen de sangre

para una comisión que decidirá quién sos
y adónde no podrás regresar. Un papel
carbónico con copia adulterada, si es posible.
Jim Dodge sostiene que un poema se acaba
cuando el sentimiento desaparece, pero
nada dice sobre un poema que comienza
y de un sentido fuera de orden. Los textos
se lanzan como kamikazes al núcleo del placer,
sin plan de vuelo; caen desde grandes alturas
lo mismo que moscas hacia una bolsa repleta
de desperdicios. Lo mejor está por venir, querida,
aunque equivoque el camino, o me distraiga
con la visita de una mujer desnuda, mientras
le cuelgo nombres a todos los objetos de la casa.

El vals de la medusa

Piensen en ese viejo cliché que dice que la mente 'es un siervo excelente pero un amo terrible'"
Esto es agua, **David Foster Wallace**

El mayordomo del Palacio Piria descansa
en sus zapatos de cuero de víbora, a la espera
de nuevas instrucciones. Nos recuerda al Gato
con Botas, salido de la cuadrícula de un libro
para colorear del hijo de su amo. El señor
de la casa aún no regresa de su pesca deportiva,
mientras el pequeño hijo bosteza en un túmulo
descuidado repleto de hojas, donde también
descansa su nombre. Todo al mismo tiempo,
todo el tiempo. Encima, la mujer entrada
en años, que vende pan con chicharrones
frente al murallón remixado, encuentra
una escoba deshilachada que alguien abandonó
en medio de la tormenta pasada, varios lustros
atrás, y con eso reparte las sobras del otoño.
Fue citada en las escalinatas de mármol
del Palacio, donde ahora está vestida
para una infinita reunión de consorcio,
manchada hasta los tobillos de carne picada
y folletos de servicio de plomería a domicilio.
Si la mirás fijo, te convertís en piedra. No falles.

NÉGATIF

A escribir no se va: se viene.
Sergio Bizzio

I

No importa cómo, cuándo y dónde, pero el suelo
se mueve. No hay razón para que toda la existencia
sea construida de acuerdo a su pequeño número.
El transcurso del tiempo sólo aumentó la estatura
de los otros, como un tesoro que se adapta a su propio
estatus y separa propina para un mismo lado.

El secreto de mis amigos está en cómo confeccionan
una larga lista de cosas apagadas, en el orden que quieras,
con tal de pertenecer a la línea de llegada de la noche,
que se muestra profunda y reparte a ciegas su doble
turno de nada. Apenas si destaca su carácter, porque
no siempre se puede con ella misma. Podrías haber
dicho que la noche "no se va: se viene". Pero no.

II

Benjamin Biolay lee en voz alta *Little Darlin'*
y derrama la cera de una vela sobre la mesa de caoba
que la familia Balzac olvidó rescatar de una tienda

de remates, frente a una avenida ausente de público;
una zona tapiada de anuncios de espectáculos cancelados.
"¿Te acordás el día en que me arrojé al Durance?",
leíste al pasar, de un vistazo, mientras una bolsa vacía
se embutía automáticamente de hojas secas, porque
así debe ser, mucho antes de comprender que lo mejor
hubiese sido que cada cual emprendiera de una vez
su camino. Hace rato que el insomnio no trae grandes
novedades —creo habértelo dicho—, cuando dormir
era la antesala del sueño y aún había mucho por contar.
Pienso que el desvanecimiento de su voz es objeto
teórico no constituido. No es lo que parece.

III

Lejos quiere decir, justamente, a distancia segura
del yo. En nombre de sí mismo, el mozo del bar
recibe a los nuevos clientes con las sillas sobre la mesa.
"Esperé en vano que todo el mundo me aclamara,
que me declarara su amor en una orgía de alto nivel",
repetías, a un ritmo difícil de seguir. Son tus palabras,
no las mías, aunque nunca mejor empleadas. Contra
eso, nada se puede hacer. Como si cualquier persona,
alguna vez, hubiera pagado una cuenta de esa clase.

28 de abril de 2021

Clausura definitiva
del zoológico municipal

He that made this knows all the cost,
For the gave all his heart and lost
Never Give all the Heart, **William Butler Yeats**

Estuve tan cerca de algunas personas
que, de elegirse a sí mismas, sólo saldrían
de sus agujeros mostrándose equivocadas.
No hay que dejarse llevar por las apariencias:
cuando caiga la tarde, la noche se volverá
recuerdo de la luz eléctrica. De un momento
a otro, me encontrarán del todo despierto,
escuchando mi propia voz de lunático, como
si arrojara cáscaras de maní contra una lámpara
de 60 watts, sin demasiada transcendencia.
Las palabras se pisan los talones una a otra,
y caen como piezas de dominó apiladas
para un juego que dura apenas un vistazo.
Después de cierto tiempo, el viejo mono
de Horacio Castillo aún continúa con las manos
en la cara delante de la tumba del cuidador,
que durmió por pereza y sigue dormido. Antes,
se ponía furioso y amargado, hecho un mar
de lágrimas toda vez que me burlaba de él,

mientras unos sujetos solían avisarse por señas cuando estaba cerca. Es muy natural, no pueden reconocerme, cambié de golpe, como si al mismo tiempo me salpicara una gota de ácido en la cara y con ello abrirme paso a una nueva experiencia, una que sepamos todos. Si cuando tenía diecisiete años, por alguna fantasmagoría, hubiera podido ver mi vida tal como es ahora, ¿qué habría sentido? Hay gente que tiene la delicadeza de esconderse entre las cabezas de ganado, y después asomar como si nada, con un registro completo de nuestras acciones futuras. Ni siquiera intervienen cada vez que observan una mosca en la telaraña. Mi fantasía trabajó tanto para alejarla, que ya no la encuentro.

No tengas miedo

Noli timere
Último mensaje de **Seamus Heaney**
a su esposa Marie

Aunque hace años no tenga noticias del mar,
intento resucitar la faena de su espuma salobre
rompiendo mi piel cada vez que toma contacto

con ella. Ahora, ni siquiera importa ese efecto,
porque la cáscara ya está reseca y se parte
igual que la corteza de un árbol asfixiado

por falta de agua o la intolerancia del tiempo.
Una delgada película que no se siente demasiado
sólo se retira. Los antiguos deseos no siempre

regresan a la hora señalada; sin embargo, siguen
nuestros pasos, lo mismo el viento cuando se filtra
por las hendijas de una ventana mal cerrada.

Encuentro con el cabo de miedo

¡Soy Virgilio y te voy a guiar a través de las puertas del infierno. Ahora estamos en el noveno círculo; el círculo de los traidores; traidores a la patria, traidores a la raza humana, traidores a Dios! ¡Este individuo está acusado de haber traicionado los principios de su profesión!

Frase de **Max Cady** (Robert De Niro),
personaje de la remake de *Cape Fear*

I

Uno está viendo el recipiente sin nada dentro,
y una vez que se observa eso, con suma atención,
no tiene sentido el siguiente paso. Te hiciste humo,
porque de alguna manera debías continuar siendo
visible. No sé si se puede volver a la escena
del amor sin antes pasar por la del crimen, dicen,
aunque tal vez esto último sea del todo inexacto.
"Las cosas me gustan más cuando nos enfrentamos
a la arbitrariedad", repetías, como si el universo
fuera capaz de una sola: la proliferación de sus males.

II

No sabría verdaderamente a qué volver. No tengo
idea concreta del paraíso. La imaginación, querida,

levanta su peso ya adulterado, y nos reserva, como
imprevisto regalo de aniversario, un mundo donde
los matrimonios ya no serán arreglados por sus padres.
La escala es una cuestión de que cuanto mayor
sea el éxito, mayor será el tamaño de la estupidez.
Lo mismo que convertirse en músicos de cuello
negro, volviéndose negros sacando algún dinero.
Entonces, la protesta vino en pentámetro yámbico.

III

Si miramos las cosas de manera lineal, sin duda
no se verían nada bien, ¿no? Quien propone un acto
atroz no siempre es la persona que lo comete. Eso
forma una suerte de estatuto personal de los hechos,
nada absolutamente particular a lo que apuntar, como
si de una manera sospechosa estuviésemos siguiendo
el testimonio de un hombre que por las noches duerme
con un ojo abierto y se convence de que el mundo
que lo rodea es amplio como una bocanada de luz
en medio de una sala de espera, lista para recibirte.

IV

"Cuidado con el patio trasero, amiga, acaso te deje
muy pronto. Voy a volarme hasta el cielo en mi gran
globo rojo", cantaban Nancy Sinatra y Lee Hazlewood,
aunque apenas un viejo tonto conseguiría que esa maldita
cosa despegue del suelo. La manía de los árboles de moverse
sin ayuda del viento, mientras las hojas secas se mueren
del todo. La casa donde calcar nuestras sombras está llena

de espejos biselados. De todas maneras, ya no me gusta ninguna forma. Nunca te presté tanta atención como cuando eras la estrella de la fiesta, y aparecías sólo para despedirte.

16 de mayo de 2021

DÁNDOLE ÁNIMOS A UN CABALLO MUERTO

People get crushed like biscuit crumbs
And lay down in the bitumen
Black Swan, **Thom Yorke**

Una mirada tan gris como el mercurio,
que no es gris. La parrillita de enchapado
verde, ulcerada por la humedad, a la que
llamaste Abigail, un nombre de rebotes bíblicos,
pero no demasiado. Deseabas que ese nombre
fuera el transporte entre géneros inconclusos,
porque así lo demanda la época. Ahora,
¿por qué habría de bautizar alguna cosa,
si todo es cuestión de maniobras sincronizadas
al azar?; o ser cómplice del acto premeditado
de echarle jugo de limón a las carnes asadas,
en una antigua y reciclada casa donde detenerse
un tiempo, y luego salir de ella con el revoque
de otros inquilinos en las manos. Una mirada
que se adelanta al objeto que se observa
sin llegar a comerciar con él, ya que se trata
de un objeto de deseo y, como se sabe,
para abstraer un punto, incluso un punto
de vista, hay que tener capacidad de tacto;
o bien que alguien nos alcance sin jamás

ponerse a prueba. Una rueda descoyuntada
que no termina de desviarse. "Les deseo
mucho más que simple suerte", remataste,
aunque mejor te hubieses callado la boca.
Nada termina por completo, mientras alguien
crea que la gente está siendo aplastada como
restos de galletas tiradas en el pavimento.

21 de mayo de 2021

Funerales de estado I

...la cara
está dos en el espejo idiota
Juan Gelman

El amor era lo suyo ni bien le entraba la ropa,
para después escuchar decir que "cada hogar
se levanta donde está la música", mientras
se aprende a la fuerza a no enamorarse de cosas
pesadas los días sábado. Por ejemplo: la hélice
de un averiado helicóptero con el sello oficial
del Estado; un modular hecho a medida, pero
abastecido de botellas de vino y ron vacías;
tres sillones de cuerina Azul Francia, ahora
picados hasta el hartazgo por las últimas colillas
del verano, que pasó de largo como suspiro
de monja; o tres kilos de cartas de amor nunca
correspondido y todavía sin enviarlas siquiera
al mismísimo remitente. Eso, y mucho más,
a pesar de una vida cuyo único matiz fue
iluminarse por dentro de los días nublados.
Dos manchas de piel nuevas y definitivas
sobre la mano izquierda, y un reloj de arena
boca abajo, o arriba —da lo mismo—, dando
comienzo a cuentas regresivas. Eso sucede

cuando se abandona la lengua al nombre,
para después tacharlo de la lista negra
de tus daños colaterales. De inmediato,
te tocás el lugar donde radicó con fuerza
la enfermedad, para luego permanecer
como un puñado de pecas muertas, ahogadas
en tinta china, la respiración de un cuerpo
enchastrado por la detonación de un Pollock.

Funerales de estado II

...los peronistas / se convirtieron en los
mejores eclipses de sí mismos
Rafael Espinosa

Pero el amor no era lo suyo. La ropa, a la soga.
La soga, al cuello. El cuello, a la corbata.
La corbata, al ropero. Y así. Todos los días
salvamos del desastre personal a un número
impreciso de desdichados, con sólo poner
en marcha el conteo previo de las asociaciones.
Parece un juego donde nadie desaparece
y, sin embargo, a veces sucede. La forma
en que un coche surge a contramano
a toda velocidad por una cortada desierta,
con varios pasajeros adentro, y donde sólo
uno de ellos grita mi nombre para que despierte
del sueño de ser nombrado, aunque ninguno
de los ocupantes se dé por enterado. Esos tipos
no conocieron nada que haya desordenado
alguna vez sus cabellos ya raleados, como
si el campo de elección fuera la tradición
de voces largadas sin destino que recoja
una simple llamada perdida, haciendo suyo
el nombre propio que no le corresponde.

16 de junio de 2021

Eclipse parcial de luna

PIERO: No insista. Aquí no se vende nada.
No hay ambientes
Fragmento de *L'Eclisse* (1962),
de **Michelangelo Antonioni**

En la Vieja Europa se escribe más que se exhibe.
Esto depende de la naturaleza misma del medio,
y también del hecho de que ninguno de nosotros
se viera obligado a mirar por determinado tiempo.
Lo dice Michelangelo Antonioni, y lo podríamos
firmar con letra de sangre. Pero pocos sangran,
Porque los accidentes suceden con cierta ropa
de cabotaje en tiempos de naturaleza registrada.
No se penetra en los hechos sólo con participar
de un reportaje. Allá abajo vive una muchacha.
Ni siquiera está enamorada. ¿Dónde leí esa frase?
No es preciso remontarse hasta el centro del sol.
"Si preguntás por tu hermana, es la primera
contra la pared, con las piernas abiertas".
¿Dónde escuché esa frase? ¿Pierde usted
a menudo en este juego? El hombre frente
al hombre y el hombre frente a su ambiente.
Basta arrastrarse hasta algún lugar de esta tierra,
pequeño pero limpio. Aquello que te afecta
tiene que dejarte frío, como si un perro hubiese
rasgado de pronto tu último par de pantalones.

Lo remiendo con cuerda, porque hilo no tenía.
Tras pegar la oreja contra la pared, no demasiado.
Siempre será duro vivir en un mundo no descrito,
como no tener identidad, teniéndola. Más tarde,
llamaba tan amablemente a tu puerta que el golpe
no podría despertar a nadie que durmiera.

FRAGMENTOS DEL DIARIO DE UN VIGILADOR NOCTURNO

I

Porque todos los esfuerzos fueron dirigidos
contra las personas propensas a explicar
los finales dos veces.

II

El contorno de la dificultad, nunca su centro.
Como si fuera gente que nunca hubiese vivido
una temporada completa bajo el mismo techo.

III

Hay ocasiones en que recuerdo
a quienes pasaron de largo saludándonos
como si no fuéramos nosotros.

Berlín de Lou Reed

Este mundo es un mundo de dos dioses. Es un mundo de
construcción y destrucción simultáneas.
Berlin Alexanderplatz, **Alfred Döblin**

Si tuviese que irme, me llevaría todo lo que veo,
lo que tengo a mano cada día; hasta el cenicero.
No son pocas las ocasiones donde los anuncios
de venta en los periódicos se llevan toda la razón;
la oportunidad para abandonar lo que se tiene
y ni siquiera dejar una parte al viento del sudeste.
La sensación única de que el pavimento se abre
a nuestros pies. El temblor cuando sacude
sin sobresaltos un llanto seco, apenas audible.
Esto parece sencillo decirlo y, sin embargo,
con sólo pensar uno por uno sus efectos,
las palabras desatienden su uso para volverse
material de consulta. Es tan cierto como
que el turno perdido es aquel que no se trabaja.
Junto a la pared, cinco pies y diez pulgadas
de alto, para trepar de una la cortina rasgada.
Parece que se ha desinflado de la ficticia
agitación promovida por la carrera en un día
donde no se celebra ninguna fiesta. Y menos
con la compañía de un vino fortificado, de hierbas,

especias y cierta cantidad de quinina, producido
por Pernod Ricard y Heaven Hill Distilleries,
de Bardstown, Kentucky. De todos modos,
si ponés el oído contra la corteza de un árbol,
y estás allí un buen rato, podrás detectarlo.
Quizá sólo sea cosa nuestra, pero lo que sea
está sonando dentro del árbol. Después, separa
de un movimiento la tapa de una lata de atún,
para que se pudra más rápido y oxide, como
un encarcelamiento tan completo que el prisionero
siquiera sabe que está encerrado. Ni bien se lee
en los anuncios de los diarios: "*Por ausencia
se vende...*", también te preguntás por las cosas
que se duermen delante tuyo, como la gente,
que luego de ignoradas dejan de ser iguales.

2 de julio de 2021

Saliendo de la Estación Central de Graz en La Plata

*Porque comida / falsa en ocasiones gusta si es
servida con propiedad.*

Marcel Beyer

La misma imagen, otra vez, y así todo mueve la boca
sin emitir palabra, porque alguien le jugó una broma
y desplazó el subtitulado. Nada encaja, y el actor
de carácter (Brad Pitt, en este caso) queda enhebrando
oraciones en el aire, sin destino seguro. La sintaxis
se organiza detrás, donde el retardo se conforma
como mundo aparte, aunque no deja de ser un mundo
en sí mismo, un concilio menor de efectos secundarios.
Es difícil prever cuánto hay de estigma dentro de un nudo
social inconcluso que nos convierte en un francotirador
junior, cuyo primer objetivo del martirio son dos fotos
de animales a punto de extinguirse, seguido de sendos
diplomas de un curso de ecosofía a bajo costo. Estás
feliz, saliste por fin en los créditos. Te devolvieron
al Tibet, sano y salvo, como suele hacerlo una antigua
encomienda que distrajo su camino, y años más tarde
recala en la dirección correcta, aunque la casa ya no está,
es otra, y ninguna persona se acerca a recibir el envío.
Ahora el lugar es un parque industrial donde se elaboran

los combustibles más contaminantes del mundo, y a vos
eso no puede sino aburrirte, en principio. El tiempo
está de muda: tres días para un minuto. Te preguntás
entonces si dejaste el horno encendido o si perdiste
una cita importante, para volver después sobre tus pasos
y deambular de nuevo. Nada te conforta, a menos
que regreses la parte de dolor que le toca a cada uno
por haber sostenido tanto tiempo decisiones incómodas.

El arte de elegir esposa

Ella no está donde creíamos verla
Ni tampoco donde ya no estaremos.
Poemas de Samuel Wood, **Louis-René des Forêts**

No saber cómo comprar un sello de correo
o lamer los bordes engomados de un aerograma.
Venimos de un mundo tan subterráneo que mejor
será agacharse. De todos modos, naciste para
ser negado, creyendo que nunca encontrarías
una oferta más atractiva que tatuarse la palabra
amor, o Roma, en una lengua no reconocida.
La diferencia entre saber lo que muestra
la piel dañada y leer lo que efectivamente
dice su menoscabo. Como si escucháramos
a Borges perfectamente vivo, aunque un poco
menos de lo que todavía fuese tolerable;
porque, de todas maneras, no encontraba
de veras de quién poder alejarse. Lo que pasa
es que uno sabe muy poco acerca de las fuerzas
que se mueven dentro suyo. Esa obviedad
es una realidad de saliva; produce mucho,
se acumula en el paladar, en la garganta,
suficiente para ahogar un grito, y después
se diluye, se incorpora a la digestión

como si nada. La mirada sobre la escritura
permanece en estado salvaje. Voy a extrañar
ad infinitum esa pizza de arroz, maciza las veces
que fuera necesaria, como la moldura laminada
en papel de oro de un cuadro de Brughetti.
"La dieta del Almidón Colman", decías, cuando
cumplías con frecuencia tu amenaza: un viaje
desde las entrañas del polvo hasta el granito.
Ese juego inalterable de juntar varias letras
para después armar palabras al azar, y donde
el vencedor obtiene el beneficio de no lavar
la vajilla, posterior a reuniones entre gente
rechazada. Lo previo al desorden en un puñado
de sentido, y cierto punto de agotamiento,
puesto que nada se consigue a cambio de nada,
si resultamos igual de heridos cuando nos tira
el abandono. Pero si sólo se trata de abandono,
sigamos de la misma manera. Una mirada
retrospectiva lustra el pavimento de la tarde.
No, no es así. ¿Una mirada lustra el pavimento?
Tampoco. ¿El pavimento o suelo de la tarde?
Menos aún. Tal vez sea el detrás de la tarde,
como si fuera inmediatamente, y no un estado
de cosas por hacerse. Esta mañana de sábado
de julio reporta descuentos y sangrados rápidos.
Alguna vez lo entenderé, por el bien de ambos.
Lo que llamamos vida, y lo que llamamos
también muerte, alarga la existencia de números
vacíos cuyo relleno es el corazón de un pastel
de manzana. Cualquier cosa es almíbar sencillo
y consistente. De lo que supe mantener, fui
su curador necesario; de lo que nunca, apenas
un iluminador de butacas a medianoche.

No más. La sexualidad se muestra subordinada
al tiempo que ciertamente es "el fin de algo",
como la sensación inédita de haber llegado tarde
al concurso real de cualquier fábrica de sueños.
Los vastos espacios de la simpleza, aniquilados
por ellas, sirvieron de base al presente que dejamos
suspendido, ya que el olvido no cumplió su parte.

20 de julio de 2021

EXCEPTO TODO

Oigo el viento
y me pregunto cuáles son
las bondades
que nacen del encierro
Mark Strand

Detrás de un alambre de púas, la mujer
que extraño y desconozco se lleva
el meñique a los labios para repasarlo
lentamente por boca. De pronto,
lo introduce, y eso es todo un gesto.
Ella está deslumbrante, lo sabe
—cómo no saberlo—, pero enseguida
muerde y, por supuesto, se lastima.
Se trata de sangre falsa tomada
como originaria, en un principio,
y no es nada más que otro gesto
cubriendo la soledad de una puesta
cuya performance es una escena
en sí misma. Porque, excepto todo,
algunas cosas restan por decir,
y ninguna es necesaria. Querida mía,
no sé si lo recordás: durante un tiempo
fue imposible lamentar la falta de algo
que nunca hemos tenido. Haberlo dicho

con mayor claridad. Todo se vuelve
un trastorno de aire ante la insolvencia
del viento, que reacciona lastimado,
mucho antes de que hablara a los gritos
el pájaro de madera que vigila nuestra
casa, como si fuera una alarma vecinal.

Yo no soy la morsa

O untimely death
I know thee well

I Am The Walrus, **Lennon-McCartney**

Si no existe no tiene tiempo, como una mirada
rápida contra nosotros mismos que nos pone
sin órbita en mitad del infinito. Esto es sencillo
de decir, pero vivirlo, como un pleno a la luz
del día, trasforma la existencia en una coartada
de números que aguardan con desesperación
la llegada de su propio decimal. De ese modo,
serás una parte y no un todo, cuya negación
es un tributo a los habitantes oscuros fuera
de nuestro alcance. No hagas caso de lo dicho,
sólo aparecieron ciertas cosas mientras escuchaba
el álbum de unos cuatro viejitos enmarcados en vinilo,
como cuádruple retablo de un Dorian Gray estilizado
por la mezcla. Uno, así, o se siente abandonado
con su propio credo a cuestas, o bien es un cerdo,
de acuerdo a la persona que tipea lo que se dicta
a los apuros sin que haya a priori demasiadas
chances de equivocarse. Sin embargo, convivimos
con el error; y a veces escuchar es comprender
menos de lo que sucede, si lo que ocurre, claro,

forma parte de un determinado tipo de espectáculo.
Es como echar de comer a los patos en el lago
del Bosque y estar muy lejos. En lugar de la creencia
en cualquier influjo, se encuentra lo que podríamos
tomar conocimiento de cualquier modo, incluso
si no nos hubiésemos templado mediante algunas
transformaciones impalpables. Pero fuiste la grasa
amarilla de un perro muerto, que mejor enterrarla
junto a la pileta seca de un hospital británico.
Nadie producirá la clase de obra que exija
que alguien se pase leyéndola, sin leer nada más.

30 de julio de 2021

Paso ligero por roble: 16°C

Antes de sincronizar los encendedores,
y repetir su nombre en un mismo tono
para después balancearse como decantados
testículos flotando en la piscina, apuntá
en tu libreta estos datos que pueden ser
de suma utilidad: 1) llamame otra vez
por mi segundo apodo: "Malkovich",
como solías hacer, aunque John y yo
ni por asomo seamos dos gotas de agua,
y mucho menos el uno para el otro;
2) nunca regreses a esta tierra arrasada,
de lo contrario, no volverás a recibir
otra invitación; 3) es imposible ser sagrado
en estas condiciones, cuando el clima
del poema no sea ese paso ligero por roble,
necesario para una ecuación que a menudo
carece de final feliz; 4) no sumes a nadie
que invoque para sí mismo una antigua
catástrofe. Lo que sea, ya fue debidamente
ejecutado, y como bien decía Ben Lerner:
"Que comience el olvido". Sin embargo,
a veces me convenzo de que todo ha sido

inaugurado sin nosotros: un invitado que llega tarde a la fiesta no siempre experimenta interés por las sobras.

4 de agosto de 2021

El gran escalofrío, etc.

We're gonna vent our frustration
If we don't we're gonna blow a fifty-amp fuse
You can't always get what you want, Jagger-Richards

Día a día, los hechos capitales de la vida
humana se ocultan a nuestros ojos. La nevada,
que nunca llega a consumarse como pronóstico
decisivo, puesto que en nada influye con su sola
ausencia, enchastra las páginas marcadas
de un poema de Robert Frost, donde un par
de caballos se niegan a seguir el paso, sin antes
preguntarse si vale la pena avanzar un poco más.
Puede que este sea el escenario, pero al final
del poema serán el embutido de un desayuno
de altas calorías, donde la existencia juega
su partida contra la inminencia de un colapso,
y también sobre la forma conveniente de abordar
la zozobra. Una cierta manera de pensar
las experiencias propias, que no son motivo
de celebración; o bien una agencia inagotable,
incluso cuando todo el universo se ha calcificado.
De este lado del planeta, la oferta de nieve
no es más que presunción de inocencia, mientras
decías, frotándote los muslos: "No voy a verme

nunca totalmente libre de esta sarna". Suena
un poco raro, si no sintieras tu insuficiencia,
y a la vez emocionado, porque supiste captar
el sentido de prospectos que se abren, hasta
convertir tu mundo en una mancha indeleble
después de hacer el amor sobre una alfombra
de piel de leopardo, provocando los peores
espasmos, habiéndole echado un vistazo.
Para desahogar nuestra frustración no hace
falta acertarle a una bombita de sesenta
watts, ni patearle el culo de mandril al perro
inmuno-depresivo, siempre enfermo de frío,
que se empacha con los restos de comida
al paso del Bar Simón, luego Simona, ahora
sepultado junto a las mozas sin apellido
que aún le ponen nombre de clientes
a las mesas ya asignadas. Melina, Aluminé,
Mercedes, Carla, Araceli, Karen, y algunas
pocas más. No hace falta nada porque
no siempre podés conseguir lo que querés,
a menos que vuelvas a esa tienda, tatuada
como "Joyería", con su bajorrelieve Art Decó
de principio del siglo XX. Y, sin embargo,
eso no son más que momentos aislados,
no completan la historia aunque quisiera.
En eso, dijiste: "Prefería tenerte así, lo mismo
una cosa que no pudiera quitárseme"; como
si una vida fuese el despertar de una mañana
perfecta, más fuerte que cualquier costumbre.
Querida hija, nunca se sabe bien en qué creer.
A veces en la humanidad, o un poco en la justicia
y en el progreso, algo en el socialismo. Las manos
que se trenzan no son curtidas, pero sí delicadas

en el oficio de un raro matrimonio. Este cuarto
donde escribo está vacío de todo lo que no sé.

9 de agosto de 2021

Es difícil en todas partes llamarse por su nombre

Aquí se dio por primera vez el proceso inverso: los autores crearon seres que pretendían ser únicos, y las creaciones comenzaron a imitarlos.
Viajes y hoteles, Joseph Roth

Acertábamos a escuchar los nombres de los vecinos,
pronunciados en el acento local de nuestros padres.
Ahora que empezaste a mecanografiar el último acto
no veo grandes problemas a la vista. Eras tan pequeño
como un grano de arroz, y aún lo seguís siendo, mientras
finalmente te muestres cocido, pasado y hecho una pasta
uniforme que no se diferencie en nada de los demás.
Como un gato que en vez de eludir el chapuzón
se meta de cabeza sin argumentos en el lago helado,
y se dirija al centro, lejos de la orilla. De todos modos,
podrías imitar los pasos de aquel héroe indiscutible
que no vaciló un instante en parecerse a su adversario.
En su frente brillaba una linterna de minero en busca
de oro, pero sin esperanzas de encontrar la veta precisa
hacia la abundancia. Lo dice una antigua moraleja
posmoderna: si no quieren que les pase lo mismo,
no se muevan, cállense y resígnense al pan de cada día.

Estas cosas que hicimos

When there's nowhere else to run
Is there room for one more son?"
All these things that I've done, **The Killers**

Es llamativo cómo se presentan
de golpe cierta cantidad de imágenes,
tan reales, que parece que uno se fuera
a lastimar con ellas, de sólo alcanzarlas.

Pero no es así, aunque la curiosidad
también tiene su fecha de vencimiento.

Esa distancia ni siquiera es voluntaria,
sencillamente porque entre nosotros
existe un espesor de melancolía
donde no se conoce ninguna ocupación
a estas horas de la noche.

Ahora, aparece en la pantalla un poeta
octogenario delante de un grupo
de jóvenes. Por la postura —un libro
abierto sobre el atril, la mano izquierda
en el bolsillo—, el hombre está a punto
de leerles unos versos. Antes, les advierte:

"¿Por qué no resolvemos de una vez
ese pequeño asunto de la subsistencia?"

El viejo escritor posee una risa
contagiosa, ajusta sus lentes,
y mide a su público alejándolos,
lo que transforma su miopía
en el último recurso que le queda
de su recibo de sueldo. Enseguida,
acomoda la garganta como si alguien
le aflojara la corbata.

Comienza a leer, y el texto describe
cómo una anciana habla contra nadie,
a los gritos, en medio de la calle.
En eso, te preguntabas: "Cuando
no hay otro lugar donde escapar,
¿hay espacio para un hijo más?"
Ella tiene lo suyo, y sueña
con cortarse sola el cabello,
de acuerdo al movimiento
de sus dedos sobre el cráneo.

De repente, el hombre interrumpe
la lectura, se frota los ojos cansados
con la manga del saco, para luego
hacer el intento de retomar el poema.
Pero las letras del libro se muestran
como vidrios de una ventana
empañada en pleno invierno.

Mientras tanto, el público presente
barre los mechones blancos que cayeron

al suelo, como restos de papel picado
después de una fiesta de fin de año.

12 de agosto de 2021

Cinco episodios explícitos

Lo importante es arrepentirse de algo. Reconocer algo.
Usted no es del todo un ángel

El oficio, **Sergéi Dovlátov**

I

Y otra advertencia más. Al encontrarse
en Occidente ustedes sentirán la ausencia
de su propio auditorio. Por ese motivo,
doblo los papeles que les debía leer,
como si asistiera a un taller improvisado
de origami, siempre ante un público insomne,
aunque cargado de urgencias que nunca
fueron las mías. Ese era el momento
para decirles, con el reparo que arrastra
todo desinterés, "¿son o se hacen?".

II

El sentido es una cuestión de espacio,
donde esta sala sigue siendo tan pequeña
como tu monoambiente enclavado
frente al diagonal. Fue como ver algo
que no debería haber estado allí, junto

a la plaza central y la Catedral, que todo
lo observa, sin que nosotros formásemos
parte de las conclusiones de un extraño
observatorio de conductas sociales.
Un trabajo que no consigue por sí mismo
ahorrar la humillación de ser menos
dependiente de los demás.

III

Cuando se encadenan los instantes,
sin que nada pudiera impedirlo,
las personas se vuelven criaturas
poco privadas. Habría que elaborar
una teoría sobre eso, si es que hubiera
una sola manera de explicarla y no caer
en la tentación de lograr otra capacidad
de goce que reemplace a la más genuina,
la que mejor conocemos. Pero sólo
se trata de un sueño como cualquier otro,
lo mismo que el dinero, que no tiene olor.
Como es sabido, vaciarse toma tiempo.
Cuando me vestí, aún estaba en Guayaquil,
aunque no recuerdo en qué sitio o lugar
fue mi última vez completamente desnudo.

IV

Esta noche de sábado, escuchaba a un escritor
recomendando a sus alumnos que cuando
encuentren un adjetivo o sustantivo juntos,

lo mejor que pueden hacer es separarlos,
interrogarlos, y comprender cuál de los dos
es finalmente el adecuado. Debiera haberlo
captado en su momento, si hasta las ratas
de nuestra casa entendían que algo no avanzaba.

V

"¿No estaré haciendo demasiadas cosas
que no me incluyen?", me pregunté, ahora
envuelto en una frazada, con un estampado
que recuerda un campo borrado por la nieve.
Lo hablaba anoche a solas con mi estufa
eléctrica, mientras alimentaba la próxima
boleta de luz. Fue Sergéi Dovlátov quien
describió ese mecanismo de explotación:
"Si no le pagás a la persona, por lo menos
tenés que quererla". En verdad, lo repetía
un hombre cuyo pelo se mostraba revuelto,
para así dejar oculta su cabeza afeitada.

15 de agosto de 2021

Spinoza superstar

todos han cruzado el filtro de estrellas de la memoria
Bar Giamaica, 1959-60, **Charles Wright**

Si lo que hacés con un determinado talento
significa sólo un negocio, sin duda se trata
de un mal negocio. Las paredes ahora
son verdes, antes eran rosa; la medianera,
donde se asoma la voz necesaria del vecino
llamándome con una porción de guiso carrero,
se exhibía deteriorada por el musgo; ahora
está marcada por un amarillo furioso,
y más tarde será de un tono que distinga
lo que fue de lo que podría haber sido.
Las aberturas todavía son blancas,
aunque diluidas por la insistente actividad
de las telarañas que no paran de avanzar.
Es lo único que trasciende, donde el apellido
del dueño de la casa y la esporádica lectura
de un filósofo judío holandés, se dan la mano
para invertir en mayor indiferencia. Alguien
afirmaba que todo lo que escribo lo quiero
ver ahí donde se encuentra el poema,
y cuyo entorno no será otra cosa que poner
temas de reserva, cuando en verdad pocos

asuntos se vuelven materia de interés,
como si de pronto nos atrapara un anonimato
pacífico, cierta forma de narcosis del espíritu
que despertó pasados los cuarenta. En cuanto
no estemos seguros de qué sustancia esté hecha,
nos sentiremos más cómodos con nuestra
ignorancia. Aun así, en el mejor de los casos,
es un tibio consuelo que te digan lo favorable
de no saber lo suficiente sobre ninguna cosa,
si los perímetros de la vida, las distracciones
diarias, sigan siendo preferibles al vacío
de la muerte. De todos modos, puede que
no valga la pena conocerlo. La necesidad
de preguntarle a la persona equivocada
algo que ciertamente no es muy prevalente
como lo fue entonces, y con eso decirle:
"¿Irías tan lejos conmigo? ¿Lo harías sólo
por mí, y en todos los términos posibles?"
Lo único que cuenta son los mitos del sujeto,
y así todo, aún divierte reconocer a un puñado
de buenos amigos en un baile de disfraces.
De acuerdo a la cantidad de tiempo disponible,
mientras das vuelta delante de ella una carne
a la parrilla que se negaba a cocinarse del todo,
te tomás un momento para citar al propio
Hölderlin, algo que leíste por ahí sin haber
marcado la página, y donde se afirma que
"es más difícil darle expresión adecuada
a la naturaleza, cuando el artista se encuentra
rodeado de obras maestras". No es mi caso,
pero bien podría ser el tuyo, está claro.
Ni la casa ni sus habitantes pueden consigo
mismos, por más que una mano de pintura

convierta la antigua casona en un apart hotel
sin calificación establecida. Pero no digamos
más de lo que sospechamos que somos,
sin experimentar los mínimos cambios
de hábito. Por esta vez, habría que investigar
los motivos por los que ya no podemos hacerlo.

18 de agosto de 2021

La industria del entretenimiento

Something that just don't mean nothing
When we see it you are gone
Clinging to some other rainbow
While we're standing waiting in the cold
Telling us the same old story
Knowing time is growing old
Wonderful Remark, **Van Morrison**

En estos días, me sorprendo riéndome de temas
que en otro momento no causaban ninguna gracia.
Hasta el humor envejece. Poco antes de morir,
mi padre intentaba contarnos anécdotas extraídas
de programas insustanciales de televisión, pero
no podía avanzar en el relato porque, de pronto,
se ahogaba en su risa recordando el final del chiste.
De todos modos, terminó ahogándose, y su voz,
quebrada por la tentación, recuerda los detalles
de cualquier novela romántica de bolsillo,
como las que todavía se encuentran cerca
del cajero de una farmacia o la sala de espera
del consultorio odontológico. Como si sus ojos
hubieran simplemente reforzado la certeza
de que había algo sobrenatural en las habilidades
de los otros, o en la demanda de eternidad
de una parte no menor de nuestra derrumbada

clase media. A partir de este momento corre por tu cuenta determinar lo que habrá tenido lugar, y decidir tanto las condiciones naturales como las de su desenlace. En cuanto a lo que me toca, debo cerrar aquí, previo a ponerle fecha y año al paréntesis abierto, y cerrarlo. Ciertamente, te enamoraste temprano, y eso ocurrió a pesar tuyo, y como en toda criatura que reconociera una existencia de forma prematura, nada sorprendente saldría de eso, luego de convertir lo que te rodea en algo, en principio, universal, aunque sólo durante períodos muy breves. Hasta que aquello concluyente que guardabas como un tesoro a cielo abierto fuera cayendo en cómodas cuotas, sin que te hayas enterado de la letra chica, mucho menos del contrato. Entonces, ¿qué podemos hacer para darle continuidad a la masterización, a medida que damos el siguiente paso, ligado al baile de salón, necesario para concretar el contacto deseado? Ahora tengo que dejar todo esto en manos de otras personas, antes de seguir adelante con nuestros conocimientos tan limitados; lo que no significa demasiado, mientras vayamos aferrándonos a uno que otro arcoíris, muertos de frío. Esto sucede con frecuencia, incluso cuando algo que no puede expresarse del todo se parece a una vida que ni bien surge de la nada, o se disuelve en ella, lo mismo daba.

21 de agosto de 2021

Una que sepamos todos

Siempre me doy cuenta de las cosas con retraso:
el pasado se me da muy bien, no el presente.
El presente no lo puedo entender

High Fidelity, **Nick Hornby**

Lo mismo si saliéramos de una estructura
hecha de pasta de papel sobre un esqueleto
de cables, un mapamundi que dirija la dirección
exacta desde donde partimos un día convertidos
en los habitantes de un sitio del que apenas
teníamos idea de su existencia. Así, entonces,
empezar sin establecer la condición de testigo,
algo idéntico con que salvar las múltiples dudas;
sobre todo, cuando la manera en que alguien
llega para enseñarte qué hacer con la silueta
de la víctima marcada con tiza, y que minutos
antes se encontraba estampada en el asfalto
después de un fatal accidente, se parece
a completar un cuerpo echado a su suerte,
ya que, en verdad, nadie se toma en serio
aquello de formar parte de tu retorno
inmediato. Un antiguo señalador, clavado
en el centro amarillento de uno de esos poemas
no tan luminosos que gustabas leer, publicitaba

la lectura de una novela de ganancia rápida,
lo opuesto al texto del libro que sostenía
entre mis manos. Decía: "Querido por nadie;
Perseguido por todos", mientras pensaba que
existe un costado preferible del héroe que sólo
se logra si se elude el poder de convocatoria,
como si de repente cobrara sentido lo que dice
Anne Carson de que "todo mito es un patrón
perfeccionado". Por eso, entendía que la idea
de que se pudiera agregar o quitársele mucho
a esa noción, en un solo plano de entendimiento,
lejos de su área de exclusión y, sin embargo,
cambiando de golpe lo que se manifestaba oculto,
acercaba una especie de estado tranquilizador,
cierto modo de permanecer ausente al establecerse
una confrontación directa de realidades iguales.
Tal vez se trate, quién sabe, de un comienzo
que no reconozca su origen, ni hojas de ruta.
Nada como decirlo en voz alta, y ninguna
otra cosa de la que valga la pena deshacerse.

Después de leer un poema de Robin Myers, olvidarlo y enseguida reescribirlo de memoria

Make me wait. / Never come
Union Square Station, **Robin Myers**

No hubo tanto ardor, ahora que pienso mejor
en lo que decían tus palabras, clavado como
un tutor de árbol en la estación de trenes local,
donde apenas se escuchan sonidos y golpes
marcando el paso de una comunidad
a la que le falta todo y le sobran personas,
y donde se intenta buscar la banda de sonido
de un lugar en permanente cambio de escenario,
lo mismo que una obra dramática en los que
los personajes se exhiban idénticos con vestidos
diferentes, colgados de ganchos para reses
en busca de un pase hacia un mundo defendido
con armas que no son las más apropiadas.
Mientras viajaba, respiré profundo y ninguna
música interpretó aquello que pudiste decir.
Sucedió después de leerte, porque no había
estímulo que tomara el envión suficiente.
Pasarse de largo, y no llevarte conmigo.
Entonces, ¿regreso por donde vine, o se trata

sólo de seguir el camino hasta toparse con señales
confusas que apunten hacia distintas direcciones,
siendo todas las correctas, aunque conduzcan
a lugares desconocidos? Naturalmente,
hay que jugar hasta el final; pero ese final,
para nosotros, es noviembre. En definitiva,
un año es suficiente. La última vez que desperté
temprano no supe qué hacer de mi vida, y esto
dura como una carga explosiva arrojada al mar
durante una de esas guerras que sólo suceden
los sábados a la tarde, frente al aparato de TV,
sin que pudiera estallar por ausencia de objetivo.
Ahora tengo que hablar en voz baja: no quisiera
despertarlos otra vez con mis asuntos. Después
de repetir que "no todo encuentro termina en otro
hijo pasado por agua, cianótico, acordonado
hasta la garganta", me pregunto si las cosas bien
hechas no permanecen siempre así de rechazadas.

4 de septiembre de 2021

Honky tonk

Nobody knows what kind of trouble we're in
Nobody seems to think it'll all might happen again
One Hundred Years From Now, **Gram Parsons**

Cómo me gustaría decir que este invierno
es más simbólico que real. Lo dijo mejor
Joseph Roth, en esos libros donde trenes
y hoteles forman la avenida adecuada
para un nómade que busca parajes secretos
conque habitar tanto tránsito despojado,
sin necesidad de salirse del martirio de repetir
en serie un mismo monosílabo. Nadie sabe
en qué tipo de problemas estamos. De todos
modos, una mirada se muestra como punto
seguido, cuando para cualquier tribunal
del pueblo o juicio por jurado, el mundo
que desechamos insiste en el punto y aparte.
Después, nada de nada. Cuando tu grupo
de confianza está equivocado, alguna cosa
entonces funcionaba mejor de lo previsto.
Parecés un pobre gorrión que rompe en llanto,
feliz de encontrar una corteza de pan reseca
y disecada. Si no podés salir del apuro,
yo tampoco; sin embargo, nuestra inocente

gestión se convierte en un crimen, y por eso
mismo creo en los barrotes que sacudo todos
los días; ésos sí son sólidos y no mienten.
Es sabido que el clima no será siempre así
de abominable, pero con un buen pasaporte
se atraviesan más cómodamente los diluvios.
Es posible que esta vida sea lo que continúa
por nosotros en el corazón de los que quisimos,
donde el dedo acusador vale por cuarenta
y cinco disparos en mi defensa. Desde la cárcel,
Céline dijo que se sentía como San Dionisio
con su cabeza entre las manos, porque no sabía
si volver a colocarla o abandonarla de una vez.

16 de septiembre de 2021

Sangre falsa en la nieve

Real snow on the stage. Fake blood on the snow.
The Lichtenberg Figures, **Ben Lerner**

"Pocas horas perdidas, y ni un céntimo perdido",
me decías, aunque el mundo es el peor posible
y no podría ser otra cosa. Entonces, no creo
que la persecución hubiera de borrarse, porque
eso suma dos en lugar de una. En consecuencia,
la tempestad fue tan furiosa que los fardos de basura
salpicaron la cara, mientras el mundo se mantiene
clavado como una lechuza en la puerta de una granja.
"Échenla abajo; alguien pagará los daños", repetías.
en el momento donde vale la pregunta sobre si todavía
se consigue música de los huesos de un dinosaurio.
Tendrías que ponerte en sus zapatos antes de tirar
la primera piedra, pero ¿qué se supone que ibas
a hacer? ¿Organizar una reunión de padres remota?
"La base de mi cama bajo mis pies, lo mismo que
el faro iluminando las noches oscuras", escuchaste,
al mismo tiempo que deseabas cambiar los textos
de todas las galletas de la suerte, tal como sucede
en un poema de Ron Padgett, aunque no tan así,
y sin que por eso deje de ser un poema de Padgett
escrito para nadie, sin motivación reconocible.

Sólo cabe imaginar una persona solitaria sentada
en un banco. Estuvo allí largo tiempo; la luna brilla
y hay silencio abajo. Sin embargo, si hablamos
del sexo de los ángeles, ¿cómo describir con justeza
aquella expresión? Se trata de alguien que huele
a podrido y ocultamente encuentra el olor agradable,
ofreciéndole a quien quiera un ramo de flores oscuras
—rojas tal vez, o azules, como la sangre, que suele ponerse
también oscura cuando toma contacto con la penumbra.

22 de septiembre de 2021

Ciertas noches de verano en Cucamonga

a los hermanos Cellini
a Horacio Fiebelkorn

¿Cómo era aquello de fracasar con un lápiz
en la mano cuando podíamos haberlo hecho
con una lapicera? Somos faros habitados
por una voz, ya que algo demasiado quieto
podría estar perfectamente muerto.
Es como llegar al mercado de camellos
en el momento donde la subasta se cerraba.
De todas formas, lo que sacaba de útil, casi
me daba igual, para luego crear algo sólido
que nos sobreviva. "Hágame caso: la vida
es lo que nos creamos con nuestras obras",
dijo en blanco y negro el hombre rico
a un oscuro y atontado Giovanni Pontano,
más preocupado por salir indemne esa noche
que cualquier otra cosa, y donde los espejos
brillaban para los invitados despeinados
por el viento furioso de un jardín de luxe.
En tanto, cuatro parejas desconocidas
de antemano se arrojaban en palomita
al piletón del lavadero climatizado

de la casa, y con eso alejar el fantasma
de un cóctel de siete clases de bebidas
más témperas, dirigidas a la destrucción
del equilibrio personal. Pero sólo sé que
este tipo de seres pasa por muy inteligente,
en lo que respecta a hacer carrera en el sentido
ordinario. Por aquellos tiempos sufría mucho,
porque me encontraba feo como el diablo.
Da lo mismo. El diablo: lo que rescatamos
de la portada de un disco de Ozzy Osbourne,
envuelto para regalo junto a un Rutini Malbec
cosecha 2016 y un libro de Victor Frankl,
o cuando ponías toda tu atención en cómo
un búho se las arreglaba para ladrar como
un perro, del mismo modo en que agrupamos
grandes trozos de borrado y conseguir del arte
un escape de la biografía. La suma de verdad
utilizable se da porque sí, viene mezclada
por error; pero es por tu bien, ya que en estado
puro te quemaría las entrañas. Uno no puede
preguntarse qué tan vivo está en realidad
y golpear la ventana del departamento
de un amigo en madrugada. Ya lo saben,
si algo está resuelto, simplemente pónganlo
en el estante y no vuelvan a pensar en ello.

27 de septiembre de 2021

Malos pensamientos de Londres

Am I so dead that
I cannot touch the rain?
The Lake, **Brian Patten**

Como respuesta al último punto, te digo:
existieron desde siempre otras voces,
lo mismo que la turba negra en el borde
de la represa al entrar en la piscina.
Pocos peces en aguas salobres.
En nuestro río dulce, eso no sería
un problema, porque al final quienes
llegan igual de exhaustos y nulos
de oxígeno, ni siquiera logran dar
con un adaptador bucal que permita
el paso del aire en el momento
en que todo parece estar concluyendo.
Porque humedece así los labios,
cree con razón que el mundo se abrió
para él; sin embargo, lleva a cabo
acciones más inconscientes, al caer
en la cuenta de que su cuerpo respira
a pesar suyo, algo que se confunde
con quien descansa y deja para mañana
la restauración inesperada de su antiguo

volumen perdido. Cuando John Cage
se presenta en la escena del crimen, dice:
"no vemos ningún cambio, porque aún
no sabemos cómo olvidar". Querida mía,
los malos pensamientos se vuelven
diamante en bruto, dialogan entre sí,
como sólo pueden hacerlo dos máquinas
descontroladas a punto de embestirse.
Es probable que haya algo más para decir,
en el caso de dar marcha atrás a nuestro
sentido contrario. De lo único que puede
cansarse la lluvia es de la ineficacia
de su trabajo en la cabeza de los solitarios.

29 de septiembre de 2021

La escena del crimen

*CLIFF: Me pregunto cuánto tiempo más voy a poder
aguantar verlos a ustedes dos despedazándose.*

Recordando con ira, **John Osborne**

En una de esas podés con cualquier cosa,
lo que sea, lo primero que te venga a la boca,
ni bien termine este raro período de lluvias.
Sin embargo, te vestís y todavía parece
temprano; la luz, que antes te cegaba,
ahora te despierta por otros motivos.

Lo cierto es que no sabés qué hacer
con ese peine y tijera abandonados
sobre la mesa de trabajo, donde
ayer, tras una dosis alta de pasado,
recortaste los pelos visibles de tu barba
y, porque a esta altura, todo forma parte
del excedente que el mundo ofrece
por no molestar a quienes reclaman
mayor responsabilidad al silencio,
a cambio de palabras que lo combatan.

1 de octubre de 2021

CUELLO MAO

Lo peor de no saber cómo hacer una verdadera
revolución es no encontrar a nadie que la haya
hecho; y todavía más frustrante es no saber
qué hacer con ella ni bien entremos por la puerta
grande de la historia. Y bien ¿cómo reconoceremos
esa puerta? ¿Qué color determinado debiera tener?
¿En qué consistiría ese material, a tal punto
que identificarlo fuese un pasaporte seguro
y no una búsqueda permanente de algo
que no tiene filiación precisa, no se deja atrapar,
no da señales ciertas de que por ese hueco
todos nuestros sueños pudieran determinar
un lugar, por más pequeño que sea, de la misma
manera que detecta un zorro la madriguera
para acercarle el biberón a sus cachorros?

¿Cuánta duración tiene un proceso revolucionario,
hasta que por fin comienza a agotarse con todos
nosotros adentro? Y una vez concretado el hecho
¿en qué actores nos transformamos? ¿Y si no
servimos para lo que presuntamente siempre
estuvimos preparados? ¿Y si se trata de dejar
hervir el agua de la pava, porque sí, para que
se funda el aluminio y se llene el artefacto
de agujeros hasta volver inútil materiales nobles
que no soportan someterse a máximas pruebas
de resistencia? Y si ponés tu mano dentro
de mi pantalón, buscando levantar esto
que parece muerto y sigue así de quieto
¿qué parte no entendiste de las citas marcadas
con el resaltador del presidente? Te convertiste
en Larry, uno de los personajes de *Maldición
eterna*... No te diste por enterado, ni aún
enterado; y mucho menos vencido, aún vencido.
¿Pensaste realmente que estábamos todos juntos?

Resta la voz que cumple tus deseos de escuchar
la canción del mundo, ahora derretida por el alma
de Bowie, llegando deprisa al cielo libre de ozono
a través de un poema de Rafael Espinosa, o mediante
el ojo lisérgico de Rayos-X en un libro de Juan
Rapacioli. "Llevaste este experimento demasiado
lejos ya, y no funciona. Las ideas están, luego
desaparecen", dijiste, porque las cosas dejaron
de ser consistentes y los sonidos se muestran
completamente ajenos. ¿De verdad pensaste
que todos éramos iguales? Del mismo modo
que lo propio se puebla de desconfianza, te excluye,
aleja de un saque la posibilidad de control, y quien

consiga esa masa gelatinosa del desdén se irá
diluyendo en un vaso con un Alka Seltzer adentro.

Tengo un resentimiento que no se puede deshacer.
Me pegaste donde duele; no conseguí reír del todo:
tus apuntes no son un epitafio digno, y es ahí cuando
decidí actuar sobre asuntos por el estilo, como
parte de la eficiencia de aplastar lo que no sirve.
"Es el librito rojo el que hace que todo se mueva.
La bomba atómica es un tigre de papel. El enemigo
no cree en desaparecer por sí mismo. Los bebés
se escapan y yo huyo. Las putas gritan; yo río".

No se trata de derrame, sino de derramamiento.
El alma no es lo único que se encuentra desnudo;
también vos, aunque en ocasiones muy espaciadas.
Pero como no creo en eso, sólo imagino que
de nuevo apelaste al sentido común del lenguaje
—ah, el menos común de todas las herramientas,
a las que echamos mano cada vez que estamos
impedidos de hablar o hacernos entender.
Es un fiasco el alma cuando sostiene apenas
la carpeta asfáltica de un pensamiento rápido.

"Digan lo que digan, en este lugar de mierda
llueve todo el tiempo. Menos mal que no te gusta
la lluvia, mucho menos el tiempo". Mao vence.

De manera que, en vez de preguntar,
te metés entre tus padres, y de ese bingo
ciego despertás para saludar al pelotón
de fusilamiento. Más bien corta, abierta,
levantada y con extremos redondeados.

Ideal para épocas calurosas y salidas informales.
Se recomienda llevar ese cuello a la playa,
en actividades cercanas al mar, o preferible
de noche, para un toque más formal.

No es derrame, es derramamiento. "En un espacio
tan pequeño hay que quemar todo lo periférico.
Cuando pago, lo hago a valor oro". ¿En serio
pensaste que podría ayudarte a recordar tu nombre?

"Pero si no te hice nada, ya me abrocho.
¿Lo ves? Es el pasado. No será la primera vez
que veas de cerca un hombre". Así te recuerdo,
con total nitidez, un lugar bastante húmedo
donde no hay nada más trascendente
que haberte ignorado. Poesía eres tú.

Y después, acercate, quiero enseñarte algo.
Me hablabas de Babilonia, esa criatura
oriental junto al agua, bien sentada
sobre una bestia escarlata llenándose
de nombres donde no figura el tuyo.
Por momentos, no me decido a expulsarte
del fondo de la memoria. Es fácil: el viejo
Witold sostenía que la belleza calma menos
que un geniol, pero no todo remedio logra
tales efectos como si fuesen secundarios.

Porque el hombre "es como un clavo: el que
cede no penetra", decía aquel artista europeo
antes de dejar esta tierra de eventuales criollitos.

Lo mismo te pasan por arriba. A un obstáculo

nunca se lo elude: se lo embiste como a una bolsa
de papas yendo a su encuentro. Por eso preferiste
hacerte el muerto, o bien parecer un animal
que huele el peligro y supone alejarlo con sólo
cerrar los ojos y echarse al pavimento.

8 de octubre de 2021

Tus textos comienzan hablando de una cosa
y terminan refiriéndose al orgasmo de la babosa

Julián Álvarez

La Plata, marzo-octubre de 2021

Índice

Últimos títulos publicados por *Casa Vacía*